小さなフランス料理の本

上野万梨子

Le petit livre de la cuisine française

NHK出版

シンプルなフランス料理をどうぞ

フランス料理と聞くと、さっそくレストランの雰囲気や、正統派のサービスを思い浮かべる方が多いかもしれません。でも、フランスの家庭料理は日本人の毎日の食卓にも生かせる、意外なほどシンプルで簡単なものも多いのです。この本をつくるにあたっては、まずはじめに典型的なフランスの家庭料理ばかりを選び、その中からさらに、日本の家庭でも無理なく手に入る材料だけでつくれ、日本人にも作りやすいようにと無理なアレンジなどしなくてもおいしくできるものばかりをセレクトしています。余裕のあるときに、まずは全体にざっと目を通してみて下さい。フランスの家庭料理にはこんなにシンプルなものがたくさんあるのだと、きっと気付いていただけることでしょう。そしてご近所でのお買い物と冷蔵庫にあるものだけですぐにでも作れるものがいくつも見つかるはずです。なかには多少入手しにくいものもあるかもしれませんが、これだけ思い切りよくつくりやすくしたレシピなのです。最初から自分流にいきなり材料やつくり方を変化させずにつくってみてください。ご近所で入手できなくても、少し大きな食材店では必ず購入できますので、この本に出会ったご縁と思って、日常の行動範囲を少し広げてみてください。

　この本ではスープからデザートまで、料理を8つの章に分けてご紹介しています。フランス料理は基本的に前菜+メイン+デザートの三品で構成されますが、そう決めつけることもありません。家での食事ならポタージュとオムレツだけでもよいし、ボリュームのあるサラダなら、それ一品とデザートだけでもよいのです。

　この本が皆さんのお役に立ち、フランス料理を、そしてフランス人の暮らしを身近にイメージしていただけるきっかけになることを心より願っています。

上野万梨子

table des matières

| 第1章 スープ |

006 **les potages**

008 にんじんのポタージュ
potage Créey

010 いろいろ野菜のスープ
potage bonne femme

012 サンジェルマン風ポタージュ
potage Sainte-Germain

014 オニオン・グラタン・スープ
soupe à l'oignon gratinée

| 第2章 サラダ |

016 **les salades**

018 にんじんのサラダ
carottes râpées

020 サラダ・ニソワーズ
salade niçoise

022 タブーレ
taboulé

024 いんげんとマッシュルームのサラダ
salade de haricots verts

026 セロリとチコリのサラダ
salade de blanc de céleri et endive

| 第3章 野菜料理 |

028 **les légumes**

030 リーキのヴィネグレットソース
poireaux vinaigrette

032 ラタトゥイユ
ratatouille

034 野菜のプランタニエ
légumes printaniers

036 じゃがいものグラタン
pommes de terre à la dauphinoise

038 レンズ豆の蒸し煮
lentilles en salade tiède

| 第4章 粉料理 |

040 **les pâtes**

042 グージェール
gougères

044 パリ風ニョッキ
gnocchi à la parisienne

046 ガレット
galettes

048 ブリニ
blinis

| 第5章 卵料理 |

050 **les œufs**

052 ウフ・マヨネーズ
œufs mayonnaise

054 パルマンティエ風オムレツ
omelette Parmentier

056 卵のココット焼き
œufs en cocotte

058 ズッキーニとトマトのフラン
flan de courgette et tomate

| 第6章 肉料理 |

060 **les viandes**

062 鶏肉のバスク風
poulet basquaise

064 鶏と栗のワイン蒸し煮
poulet braisé au vin blanc

066 トマト・ファルシ
tomates farcies

068 豚肉のソテー　マスタードソース
porc sauté sauce moutarde

070 牛ロース肉のステーキ
entrecôte aux échalotes

072 ブフ・ブルギニョン
bœuf bourguignon

| おつまみ |

104 **les bouchées**

106 オイルサーディンのペースト
pâté de sardine à l'huile

107 タプナード
tapenade

108 チーズトースト
tranches de pain grillées au fromage

109 チーズとコンフィチュール
fromage et confiture

| 第7章 魚料理 |

074 **les poissons**

076 いわしのマリネ
sardines marinées

078 白身魚のパネソテー
filet de poisson pané

080 あさりのポワレ
poêlée de palourdes

082 いかのプロヴァンス風
encornet à la provençale

084 ブランダード
brandade de morue

086 白身魚のポワレ　トマトソース
filet de poisson poêlé à la sauce tomate

088 ブイヤベース
bouillabaisse

02 シンプルなフランス料理をどうぞ

110 食材ガイド

| 第8章 デザート |

090 **les desserts**

092 赤い実のクープ
coupe aux fruits rouges

094 クレーム・カラメル
crème caramel

096 レモンのオムレツスフレ
omelette soufflée au citron

098 クラフティ
clafoutis

100 ブリオッシュのタルト・タタン
tarte Tatin minute

102 ムース・オ・ショコラ
mousse au chocolat

・この本で使用している計量カップは200m𝓁、
　計量スプーンは、大さじ1＝15m𝓁、小さじ1＝5m𝓁です。1m𝓁＝1ccです。

・この本では、オリーブオイルとなっているものは、
　エクストラバージンオリーブオイルを使用しています。

・オーブンなどの調理器具は各メーカーの使用説明書などをよくお読みのうえ、
　正しくお使いください。加熱時間は目安です。様子をみながら加減してください。

家族がそろった食卓にスープを運び、「さぁさぁどうぞ！」と香りのよい湯気を立てながらみんなの器に注ぎ分ける。家でのごはんだからこその幸せを感じるかけがえのない幸福な瞬間です。キッチンで盛りつけるのではなく、鍋ごとでよいからテーブルで分け合っていただくと、ホッとするおいしさもひとしお。にんじんやかぶの皮、セロリの筋やねぎの端っこなど、香りのよいところは捨てずにバターでいためてだしをとり、次に役立てましょう。むだなく使い切った満足感で、さらにおいしく感じられることでしょう。

| 第1章 スープ |　　　07

les potages

にんじんのポタージュ

potage Crécy

パリ郊外の地名にちなんだ名前をもつ、にんじんのポタージュです。お米を入れるのは私流のレシピ。
少しお米の粒々した感じが残るくらいに仕上げるとおいしいですよ。

材料（2人分）

にんじん ------ 1本（正味150g）

たまねぎ ------ ¼コ（25g）

バター ------ 15g

チキンスープ＊ ------ 500mℓ

米 ------ 10g

ブーケガルニ＊＊ ------ 1コ

牛乳 ------ カップ¼

生クリーム ------ 大さじ1

塩・白こしょう ------ 各少々

＊スープの素をうすめに溶いたもの。

＊＊セロリ、ローリエ、イタリアンパセリ、
　リーキなどを合わせてたこ糸でしばったも
　の。料理の香りづけに使う。

つくり方

1 にんじんは皮をむき（photo-A）、小さめの乱切りにする。
たまねぎは粗みじんに切る。

2 厚手の鍋を火にかけ、バター10gを入れて溶かす。たま
ねぎを加えて弱めの中火で約1分間いためる。にんじ
ん、ブーケガルニとサッと洗った米を加え（photo-B）、さ
らにチキンスープを加える。強火にして煮立ったら、アク
をすくい取る。火を弱め、ふたをずらしてのせ、約45分
間煮込む。

3 ブーケガルニを取り除き、浮き実用に、にんじん適宜を
取り出しておく。残りをミキサーで粒が残る程度にかく
はんし、鍋に戻し入れる。ミキサーに牛乳を注いで中を
洗うようにひと回しし、生クリームとともに鍋に加える。

4 浮き実のにんじんを鍋に加えて再度火にかけて温め
る。塩、こしょうを加えて味を調え、仕上げにバターの残
りを加え、器に盛る。好みで生クリーム小さじ2、イタリ
アンパセリ（分量外）を浮かせる。

A

皮はピーラーでむくと、薄く簡単
にむけるので便利。

B

たまねぎはよくいためておくと、
甘みが出ておいしい。

いろいろ野菜のスープ

potage bonne femme

ボンヌ・ファム風といわれる野菜たっぷりのスープは、まさに家庭の味。
カリッと焼き上げたハーブバター風味のバゲットを添えると美味。

材料 （2～3人分）

にんじん ------ 2本

かぶ ------ 3コ

セロリ ------ 1本

たまねぎ ------ $\frac{1}{2}$コ（またはリーキ$\frac{1}{6}$本）

モロッコいんげん（またはさやいんげん）------ 100g

バター ------ 20g

チキンスープ＊ ------ カップ3$\frac{1}{2}$

塩 ------ 少々

バター（仕上げ用）・イタリアンパセリ ------ 各適量

＊スープの素を溶いたもの。

つくり方

1　にんじん、かぶは皮をむき、セロリとともに小さめの乱切りにする。たまねぎは細めのくし形に切る。モロッコいんげんは5mm幅の斜め切りにする。

2　厚手の鍋に、バターを入れて溶かす。1の野菜を加えて弱めの中火でよい香りがしてくるまで、ゆっくりといためる（photo-A）。野菜から水分がにじみ出てくるようになったらチキンスープを注ぎ入れ、煮立ててアクをすくう。弱火にして約40分間煮込む。

3　2が煮上がったら塩で味を調える。食卓に出す直前に仕上げのバターとイタリアンパセリを加える。

ハーブバター風味のバゲット

[材料] バゲット（薄切り）10枚／バター（室温に戻す）20g ／にんにく（すりおろす）少々／塩少々／ハーブ（乾。タイムやエルブ・ド・プロヴァンスなど）少々

[つくり方] バターとにんにくを合わせてバゲットにぬり、塩、ハーブをふって180℃に温めたオーブンでこんがりと焼く（photo-B）。多めにつくって冷凍しておくと便利。スープを煮込んでいる間に焼いて、焼き立てにスープを注ぐのがおすすめ。

時間をかけて野菜の甘みを引き出すようにいためる。

添えるパンはこんがりと焼き上げるとスープによく合う。

サンジェルマン風ポタージュ

potage Saint=Germain

グリンピースをたっぷり使った料理をサンジェルマン風といいます。
鮮度のよいさやつきのグリンピースでつくると、軽やかな春の味を楽しめます。

材料（2〜3人分）

グリンピース ------ （さやを除いて正味）180g

新たまねぎ（またはたまねぎ） ------ 60g

バター ------ 20g

ベーコン（塊。薄切りでもよい） ------ 20g

チキンスープ＊------ カップ2

生クリーム ------ 大さじ1

ハーブ（チャービル、チャイブなど。あれば） ------ 少々

塩 ------ 適量

バター（仕上げ用） ------ 10g

＊スープの素を溶いたもの。

つくり方

1　新たまねぎは小さく切る。鍋にバターを熱し、ベーコンを弱火でいためて脂をしみ出させる。たまねぎを加えて色づかないようにいため、柔らかくなるまで火を通す（photo-A）。

2　別の鍋にたっぷりの湯を沸かし、塩少々を加えてグリンピースを色鮮やかに柔らかくなるまでゆで、ざるに上げる。

3　1の鍋からベーコンを取り出し、2のグリンピース、チキンスープを加える（photo-B）。煮立ったらアクを取り除き、弱火で約20分間煮る。この間にベーコンはごく小さな角切りにする。

4　3のスープが煮上がったら、ミキサーに入れて、ごくなめらかになるまでかくはんし、ざるやこし器でこす。あまり目が細かいものだと、ポタージュにとろみが出ない。

5　生クリームとバター、ハーブを刻んで加え、塩で味を調える。サッと軽く温めて仕上げる。器に盛り、3のベーコンを浮き身にし、好みでハーブと生クリーム小さじ2（分量外）を加える。

NOTE　グリーンピースの皮の堅さが気にならなければ、3でこさなくてもOK。豆をゆでてから煮込むと色鮮やかに仕上がる。

ベーコンからしみ出した風味の
よい脂でたまねぎをいためる。

長く煮込むと豆の色が悪くなる
ので、スープはアツアツを注ぐ。

オニオン・グラタン・スープ

soupe à l'oignon gratinée

茶色にいためたたまねぎの甘みとトロリと溶けたチーズが絶妙な組み合わせ。
アツアツのところをいただくと、寒い季節でも、芯から温まります。

材料（2〜3人分）

たまねぎ ------ （小）2コ
バター ------ 20g
サラダ油 ------ 大さじ1
にんにく ------ （小）½かけ
ローリエ ------ 1枚
白ワイン ------ カップ½
チキンスープ＊ ------ カップ2
塩 ------ 少々
バゲット（2cm厚さに切ったもの）------ 3枚
チーズ（エメンタールなどをおろす。
　　または溶けるタイプのチーズ）------ 30g
＊スープの素を溶いたもの。

つくり方

1　たまねぎは薄切りにする。にんにくは薄切りにして4〜5
　枚用意する。

2　鍋にバターとサラダ油を熱してにんにくを軽くいため、1
　のたまねぎを加える。たまねぎが縮み始めるまでは強火
　でいため、しんなりしたら弱めの中火にして色がつきは
　じめるまでいためる。ローリエを加え、弱火にして薄茶
　色になるまでじっくりといためる（photo-A）。この間に鍋
　底に多少の焦げつきがあっても、スープのおいしそうな
　色になるので、心配しなくてよい。

3　たまねぎに十分色がついたら白ワインを注ぎ、鍋底をこ
　そげてうまみを浮き上がらせ、ワインのアルコール分をと
　ばして、チキンスープを加える。煮立ったらアクをすくい、
　火を弱めて約40分間煮込む。ローリエを取り除いて、塩
　で味を調える。

4　バゲットを乱切りにし、耐熱の器にいくつか入れる。アツ
　アツのスープを注いでしみ込ませ、チーズ少々を加え
　（photo-B）、パンがふやけたらさらにスープを足す。上面
　にもバゲットを散らし、パンにスープがしみ込んだところ
　で、残りのチーズをのせる。

5　200℃に温めておいたオーブンで約5分間、グツグツ煮
　立ち、チーズが溶けるまで焼く。

この程度の色がつくまで、じっく
りいためるとおいしい。

パンにスープを吸わせ、チーズ
を重ねて入れる。

パリの朝市に並ぶ葉野菜をあれこれそろえてつくるグリーンサラダには、なんだ、たんなる葉っぱのサラダか、とは言わせない迫力が満点です。薄い色から濃い色までの美しい緑色の豊かさはもちろんのこと、苦みや木の実のような香ばしさといった風味の特徴から、パリパリ、シャキシャキというテクスチャーやかんだときに聞こえるサウンド、葉っぱの厚みによって感じる温度差まで、グリーンサラダの一皿にはそれぞれの葉野菜の明確な個性の違いがあらわれて目が覚めるおいしさです。

⌇ 第2章 サラダ ⌇

les salades

にんじんのサラダ

carottes râpées

粗くおろしたたっぷりのにんじんをドレッシングであえた、フランスの定番サラダ。
レーズンと松の実を入れることが多いけれど、パイナップルやマンゴーなどと合わせても。

材料（2人分）

にんじん ------ 2〜3本（正味200g）

松の実 ------ 20g

レーズン（あればカレンズ）------ 15g

a {
白ワインビネガー（または米酢）------ 小さじ2
レモン汁 ------ 小さじ1
塩 ------ 少々
オリーブオイル（フルーティーなタイプ。またはサラダ油）
------ 大さじ3
}

バナナ ------ ¼本

レモン汁 ------ 少々

つくり方

1 にんじんは皮をむき、スライサーか目の粗いチーズおろし器でおろす（photo-A）。

2 ボウルに1、松の実、レーズンを入れ、aの材料を加えてよく混ぜる（photo-B）。ラップをして最低30分、時間があれば半日、冷蔵庫に入れて味をなじませる

3 食べる直前にバナナを小さく切り、レモン汁をまぶして加える。

NOTE フルーツはパイナップルやマンゴー、アプリコットなどでもよい。缶詰のパイナップルの場合は、シロップが甘いので、ペーパータオルなどでふきとってから使う。

目の粗いおろし器でおろすと表面がザラッとして味が入りやすい。

1つのボウルに材料をすべて入れて、よくあえるだけでOK。

サラダ・ニソワーズ

salade niçoise

ゆで卵とアンチョビ、じゃがいも、生野菜たっぷりのサラダです。
酸味のきいたヴィネグレットソースとあえておくのがポイント。

材料（2人分）

卵 ------ 2コ

[ヴィネグレットソース]

白ワインビネガー ------ 大さじ1
にんにく（すりおろす）------ 少々
塩 ------ 少々
オリーブオイル ------ 大さじ4

じゃがいも ------ (小) 2コ (正味250g)

たまねぎ ------ 1/4コ

ジャンボピーマン（赤）------ 60g

サラダ菜（できれば中心の部分）------ 適量

ツナの油漬け（缶）------ 60g

アンチョビ（フィレ。細いもの）------ 6枚

ブラックオリーブ（ごく小さいもの）------ 12コ

つくり方

1　鍋に卵とかぶるくらいの水を入れて火にかけ、約10分間ゆでて堅ゆで卵をつくる。ゆで上がったら流水で完全に冷まして殻をむき、縦4等分に切る。ヴィネグレットソースの材料を合わせておく。

2　じゃがいもは皮付きのままゆで、皮をむいて乱切りにする。熱いうちにヴィネグレットソースの1/3量をまぶして味をしみ込ませる（photo-A）。そのまま室温で冷ます。

3　たまねぎは薄切り、ジャンボピーマンは5mm弱の厚さに切ってボウルに入れ、残りのヴィネグレットソースの半量を加えて混ぜる。全体がしんなりして味がなじむまでおく（photo-B）。

4　皿に2と1枚ずつにはがしたサラダ菜を盛り、上に3をのせる。1の卵、ツナ、アンチョビ、オリーブを添える。好みに合わせて残りのヴィネグレットソースをかける。

NOTE　じゃがいもやトマト入りのサラダは冷蔵庫で冷やしすぎるとおいしさが半減する。室温に出し、冷たすぎない温度が食べごろ。

じゃがいもが熱いうちにソースをからめると味が入りやすい。

じゃがいもとは別に、ソースと合わせて味をつけておく。

タブーレ
taboulé

フランスのおそうざい店では欠かせない、定番のサラダがこれ。
粒状のパスタ、クスクスと野菜を、レモンなどであえたさっぱり味です。

材料（2人分）

a {
クスクス ------ カップ ½
オリーブオイル ------ 小さじ 2
塩 ------ 少々
クミン（粉末。あれば） ------ 小さじ ⅓
コリアンダー（粉末。あれば） ------ 小さじ ¼
熱湯 ------ カップ ½
}

トマト ------ (小) 1コ

きゅうり ------ ½ 本

ねぎ ------ ⅕ 本

紫たまねぎ ------ ⅙ コ

イタリアンパセリ（粗みじんに切る） ------ 大さじ 4

レモン汁 ------ (大) ¼ コ分

レモンの皮（国産。すりおろす） ------ 少々

オリーブオイル ------ 大さじ 3

塩 ------ 少々

つくり方

1　ボウルにaのクスクス、オリーブオイル、塩、クミン、コリアンダーを入れて熱湯を注ぎ（photo-A）、湯がしみこむまで静かにゴムべらで混ぜる。ラップをし、そのままおいてふやかす。

2　トマトは半分に切って種の部分を取り除き、1cm角に切る。きゅうりは8mm角に切る。ねぎは5mm厚さに切り、紫たまねぎは粗みじんに切る。

3　1のボウルに2、イタリアンパセリを加え、レモン汁、レモンの皮、オリーブオイルを加える（photo-B）。塩を加えて味を調える。

NOTE　魚の薄切りのから揚げやオイルサーディンを添えるとおいしい。

クスクス：粒状の細かいパスタで、フランスではスムールという。「クスクス」とは、このパスタにソースを添えた料理名のこと。日本では一般にこのパスタがクスクスという名称で売られている。

A

クスクスは熱湯でふやかすだけで食べられるので手軽。

B

すべての材料を合わせる。ここで好みの味に調整するとよい。

いんげんとマッシュルームのサラダ

salade de haricots verts

細くて柔らかいさやいんげんは、さっとゆでるだけでおいしいもの。
生のマッシュルーム、コクのあるドレッシングと合わせると、さらにおいしさが際立ちます。

材料（2人分）

さやいんげん（細く柔らかいもの）------ 150g
マッシュルーム（新鮮なもの）------ 4コ
レモン（厚めに切ったもの）------ 1枚
サラミソーセージ（柔らかいタイプ。薄切り）------ 4枚
エシャロット ------（小）1コ
　（またはたまねぎのごく小さいもの 1/6 コ）
白ワインビネガー ------ 小さじ2
塩 ------ 適量
サラダ油 ------ 大さじ3

つくり方

1 さやいんげんは多めの塩を入れたたっぷりの湯でゆで、ざるに上げて冷ます。マッシュルームは石づきを落とし、レモンを入れた冷水で洗って（photo-A）、ふきんで水けをふく。半分に切り、さらに3㎜くらいの薄切りにする。サラミソーセージは5㎜幅くらいの細切りにする。

2 ボウルに白ワインビネガーと塩少々を入れて混ぜる。エシャロットは皮をむき（photo-B）、縦薄切りにしてボウルに加える。サラダ油を注いでよく混ぜ合わせる。

3 別のボウルに1のいんげんとマッシュルーム、サラミソーセージを入れ、2を加えて混ぜる。

NOTE さやいんげんは細いものが入手できない場合は、ゆでてから縦半分に切って使う。

マッシュルームはレモン入りの水で洗い、褐変を防ぐ。

エシャロットは風味づけなので、ごく小さいものでよい。

セロリとチコリのサラダ

salade de blanc de céleri et endive

シャキッとした野菜の歯ざわりと風味を楽しむサラダです。ロックフォールがよく合います。
柔らかいセロリがない場合は、青りんごを使っても。

材料（2人分）

セロリの茎（中心の白くて柔らかい部分）------ 2本

セロリの葉（柔らかい部分）------ ひとつかみ

チコリ ------ 1コ

ロックフォールチーズ（または他の青かびチーズ）
------ 30g

くるみ ------ 6かけ

白ワインビネガー ------ 大さじ 1/2

塩 ------ 少々

サラダ油 ------ 大さじ 1 1/2

くるみオイル（またはサラダ油）------ 大さじ 1/2

つくり方

1　セロリの茎は斜め5mm弱の幅に切り、柔らかい葉の部分は適当な大きさにちぎる（photo-A）。チコリは葉を1枚ずつはがし、大きければ縦半分に切る。ともにボウルに入れ、冷蔵庫でシャッキリするように冷やす。

2　ロックフォールチーズは粗くほぐす。くるみは渋皮が苦い場合はサッと湯に通してから水にとり、渋皮をむく。140℃のオーブンで約15分間焼いて乾かし、小さく切る（photo-B）。おつまみ用のくるみなら、切るだけでよい。

3　ボウルに白ワインビネガーと塩を入れて混ぜ、サラダ油とくるみオイルを加えてよく混ぜ、ソースをつくる。

4　1にくるみを加え、3のソースを加えて手早くあえる。皿に盛り、ロックフォールチーズを散らす。

ロックフォールチーズ：フランスの青かびチーズ。
独特のクセがあるが、ワインなどにもよく合う。

A

セロリは白く、柔らかい部分を
使うとおいしい。

B

鮮度のよいくるみの場合は、そ
のまま渋皮をむけばOK。

ゆっくり火を通してにじみ出てくる野菜の甘みを楽しむのもひとつ。サッと軽くゆでるだけだからこそ残る、それぞれの野菜の個性的な食感を楽しむのもひとつ。いずれにしても、ゆでたり煮たりと加熱する際に、野菜のうまみを引き出す塩加減に勘を働かせることは大切なポイントです。肉や魚料理の付け合わせとして、またベーコンやソーセージ、ツナやオイルサーディン、スモークサーモンなどを添えてボリュームを出せばメイン料理にもなるのが野菜料理。多めにつくって何度かに分けて楽しんではいかがでしょう。

{ 第3章 野菜料理 }

les légumes

リーキのヴィネグレットソース

poireaux vinaigrette

リーキのおいしさを堪能できる一皿です。さっぱりしたソースがなんともいえません。
リーキの代わりに太い下仁田ねぎや深谷ねぎなどでもおいしくつくれます。

材料（2人分）

リーキ（または下仁田ねぎなどの太いねぎ）
　　　------ 1〜2本
レモン（国産）------ ¼コ
塩 ------ 小さじ¼
砂糖 ------ 小さじ⅙
白ワインビネガー ------ 大さじ1
サラダ油 ------ 大さじ1
イタリアンパセリ ------ 適量

つくり方

1　リーキは葉先のごく堅いところを切り落とし、太ければ
　切り込みを入れて葉先の部分に土が入っていたら洗い
　流す。レモンはくし形に切る。

2　大きい鍋を用意し、リーキを半分に切って並べ入れ、レ
　モン、塩、砂糖を加えてヒタヒタより少なめの水を注いで
　（photo-A）、中火にかける。煮立ってきたら落としぶたを
　し、弱火にして約45分間、クッタリと柔らかくなるまで煮
　る。煮る時間は、リーキの鮮度や質にもよるので、様子
　をみて加減する（photo-B）。

3　煮上がったら白ワインビネガーとサラダ油を加えてそのま
　ま冷ます。皿に盛り、ちぎったイタリアンパセリを散らす。

NOTE　このリーキにゆで卵のみじん切りをたっぷり散らして
　　　　食べるのもおすすめ。ビネガーの酸味と卵黄がよく合
　　　　う。

リーキは鍋に入るような長さに
切って並べる。

写真のようにクッタリした感じに
煮上がればよい。

ラタトゥイユ

ratatouille

野菜の水分だけでじっくりと蒸し煮にする、南仏の定番料理。
いわしやさば、卵や鶏肉料理、パスタのソースにもよく合う、家庭の常備菜です。

材料 (つくりやすい分量。約4人分)

トマト (完熟) ------ 600g
たまねぎ ------ (小) 1コ (100g)
にんにく ------ (小) 1かけ
ジャンボピーマン (赤・緑) ------ 各80g
米なす (またはなす) ------ 1コ (300g)
ズッキーニ ------ (大) 1本 (200g)
塩・こしょう ------ 各適量
タイム ------ 少々
オリーブオイル ------ 大さじ4

つくり方

1 トマトは熱湯につけて、氷水で冷やして皮をむき、半分に切って種を取り除いて、大きめの乱切りにする。種の部分が多い場合は、こして果汁をとっておく。たまねぎ、にんにくは薄切り、ジャンボピーマンは種を除いて縦5mm幅に切る。

2 厚手の鍋にオリーブオイル大さじ1、にんにくを入れて弱めの中火でにんにくの香りがたつまでいため、たまねぎを加えていためる。たまねぎが透き通って甘く香ってきたら、1のピーマンを加え (photo-A)、塩少々をふって、さらにしんなりとするまでいためる。トマトと果汁を加え、塩・こしょう各少々を加えて混ぜる。ふたをして弱火で約40分間、途中一度全体を混ぜて煮込む。

3 米なすは2cm弱の角切りにする。ズッキーニは皮をしま目にむき、水で洗ってなすより二まわりくらい小さい角切りにする。なすとズッキーニはオリーブオイル大さじ3で何度かに分けていためる。

4 2に3のなすとズッキーニ、タイムを加え、全体の味をみて、塩・こしょう各少々を加える (photo-B)。ふたをして約30分間弱火で蒸し煮する。好みで、オリーブオイルをぬってアンチョビ、タイムをのせたパンを添える。

たまねぎをよくいためて甘みが出てからピーマンを加える。

味をみて甘みがたりない場合は、砂糖をほんの少々加えるとよい。

野菜のプランタニエ

légumes printaniers

春の野菜を一皿で味わう料理です。それぞれの野菜の持ち味を生かしながら、煮上げます。
緑、白、オレンジ色の目にも鮮やかな春の味をたっぷりと召し上がってください。

材料（2人分）

グリンピース（さや付き）------ （正味）120g

絹さや ------ 50g

グリーンアスパラガス ------ 4本（80g）

にんじん（ごく細いもの）------ 2本（正味80g）

かぶ ------ （小）4コ（正味100g）

砂糖 ------ 小さじ½

塩 ------ 適量

バター ------ 30g

セージ（あれば）------ （小）3〜4枚

A

塩ゆですることで下味がつくので、塩はしっかりと入れる。

B

ゆで汁をきってすぐに加えると、野菜がふっくら仕上がる。

つくり方

1　グリンピースはさやをむき、絹さやはヘタを除いて筋を除く。グリーンアスパラガスは根元の堅いところを切り落とし、下⅓の皮を薄くむいて3等分に切る。にんじんは皮をむいて厚さ8mmの輪切りにする。かぶは6つ割りにして皮をむく。

2　鍋に湯を沸かし、塩（あれば粗塩）適量を加えてグリンピース、アスパラガス、絹さやを入れて煮立てる（photo-A）。アクをすくいながら約30秒間ゆで、火を止めてそのまま冷ます。

3　別の鍋ににんじんとかぶ、砂糖、塩少々、バター20g、セージ、水250mlを入れて中火にかけ、煮立ったらアクを除いて弱めの中火で約15分間煮る。煮上がったときの鍋の煮汁は野菜よりも少し低いくらいでちょうどよい。

4　2をざるに上げてサッと水けをきり、（photo-B）、3からセージを取り除いて2を加える。強火で煮汁を煮詰めながら野菜にからめ、塩少々、バター10gを加えて仕上げる。

NOTE　2で煮るときに、好みで薄切りのベーコンを切って加えてもおいしい。

じゃがいものグラタン

pommes de terre à la dauphinoise

じゃがいもを牛乳で柔らかく煮てオーブンで焼き上げたグラタンは、フランスの定番の味。
肉料理の付け合わせにぴったりです。

材料（2人分）

じゃがいも ------ 4コ（400g）

にんにく ------ ⅓かけ

牛乳 ------ カップ1

塩 ------ 適量

ナツメグ ------ 小さじ⅕

生クリーム ------ カップ¼

卵黄 ------ 1コ分

こしょう ------ 少々

チーズ※（溶けるタイプ。おろす）------ 40g

※あればグリュイエールやエメンタールなど。

つくり方

1 じゃがいもは皮をむき、約3mm厚さの薄切りにする。にんにくはすりおろす。

2 鍋に牛乳とにんにく、塩少々を入れ、じゃがいもを加えて（photo-A）サッと混ぜて中火にかける。煮立ち始めたら火を弱め、じゃがいもに少し歯ごたえが残るくらいに柔らかくなるまで煮る。

3 生クリームに卵黄を加え混ぜ、2に加えてサッと混ぜる（photo-B）。塩少々、こしょう、ナツメグを加える。チーズも加えて混ぜる。

4 耐熱の器に3を入れて表面を平らにならし、180℃に温めたオーブンに入れて表面に焼き色がつくまで約15分間焼く。

NOTE 生クリームを使わないでつくる場合は、じゃがいもを煮る牛乳を多めにし、3のところでその煮汁をカップ¼取り出して卵黄と合わせるとよい。

じゃがいもは水にさらさないで、
そのまま加える。

柔らかく煮上がってから、卵液
を加える。

レンズ豆の蒸し煮

lentilles en salade tiède

野菜と豆を蒸し煮するだけですが、これが本当においしい。
レンズ豆は戻しておかなくてもすぐに使えるので、サッとつくりたいときに便利です。

材料 (2人分)

レンズ豆 ------ 150g

タイム (あれば。またはセージ) ------ 5〜6本

ローリエ ------ 1枚

塩 ------ 適量

バター ------ 20g

にんじん ------ 1本 (正味120g)

小たまねぎ ------ 4〜6コ (またはたまねぎ〈小〉1/2コ)

砂糖 ------ 小さじ1/4

サラミソーセージ (柔らかいタイプ。5mm厚さ) ------ 1枚

つくり方

1　レンズ豆はたっぷりの湯でサッとゆで、ざるに上げる。タイム、ローリエ、塩少々、バター10g、水カップ1 1/4とともに鍋に入れ (photo-A)、弱めの中火で約15分間ゆで、タイム、ローリエを取り除く。

2　1で豆を煮ている間ににんじんは皮をむいて薄切りにし、小たまねぎは縦8等分に切る。フライパンにバター10gを溶かし、にんじん、小たまねぎを入れて軽くいため、水カップ1/4、塩少々、砂糖を加えてふたをし、弱火で約3分間火を通す。

3　2を1の鍋に加え (photo-B)、サラミソーセージを5mm角に切って加え、ふたをして約5分間蒸し煮する。ふたを外して強火にし、残っている水分をとばしながら、豆と野菜にからむようにして仕上げる。

NOTE　レンズ豆は濃い緑色のものと薄い色みのものがあり、ここでは濃いほうを使用。薄い色のものでもできる。

レンズ豆はゆでてから煮ると、色がきれいに仕上がる。

豆と野菜は別々に火を通してから、合わせて蒸し煮にする。

ひばり飛び、コクリコの花咲く小麦畑にモーツァルトを流して、よりよい小麦の生育をと願ったのは、今は亡き著名なパン職人さんでした。小麦粉に触れたときに感じるぬくもりを幸福に感じられるのも、フランス人の小麦への思いが私にも伝わるからでしょう。家庭でつくる粉料理といえばまずシュー生地。オーブンで焼けば焼き菓子に、ゆでればニョッキに、油で揚げればドーナツのよう。こんなにいろいろな調理法を楽しめるこの生地を最初に考えついた人は、いったいいつの時代の誰なのでしょう。

｜ 第4章 粉料理 ｜

les pâtes

グージェール

gougères

シュー生地にチーズを合わせて焼きます。絞り袋で丸く絞る代わりにスプーンでのばすと、気軽につくれます。
フワッ、カリッとした食感、そしてコクのある味わいは、白ワインにぴったり。

材料（2人分）

［シュー生地］

牛乳 ----- 60㎖
バター ----- 20g
塩 ----- 少々
薄力粉 ----- 35g
卵 ----- 1コ
グリュイエールチーズ ----- 25g
グリュイエールチーズ ----- 15g

つくり方

1 薄力粉はふるい、卵はボウルに割り入れ、よく溶きほぐす。グリュイエールチーズは細かくおろす。

2 シュー生地をつくる。小鍋に牛乳、バター、塩を入れて火にかけ、バターが溶けたら弱火にしてふるっておいた薄力粉を一度に加えて木べらで練る。生地が鍋底から離れてひとかたまりになったら火から下ろし（photo-A）、溶き卵を何度かに分けて加えながらじゅうぶんに練り混ぜる。チーズも加えて混ぜる。

3 天板にオーブン用の紙などを敷き、ティースプーン山盛り1杯ずつ生地を落として、スプーンの腹で直径6㎝くらいに丸く広げる。上におろしたチーズを均等にのせる（photo-B）。180℃に温めたオーブンに入れて約12分間、表面にしっかりした焼き色がつくまで焼く。

生地が鍋につかないくらいになり、まとまればよい。

スプーンで生地を広げたところにチーズをのせる。

パリ風ニョッキ

gnocchi à la parisienne

ニョッキはイタリアのパスタでおなじみかもしれませんが、フランスのニョッキはシュー生地をゆでたもの。
クリームソースと合わせて、温かいところをいただきます。

材料（2人分）

[シュー生地]

- 牛乳 ------ 60mℓ
- バター ------ 20g
- 塩 ------ 少々
- 薄力粉 ------ 35g
- 卵 ------ 1コ
- グリュイエールチーズ ------ 25g

牛乳 ------ カップ1
チキンスープ＊ ------ カップ1
マッシュルーム（石づきを除く）------（正味）60g
たまねぎ ------ 60g
バター ------ 25g
薄力粉 ------ 大さじ1
生クリーム ------ 大さじ2
塩・ナツメグ ------ 各少々

＊スープの素を濃いめに溶いたもの。

つくり方

1 P.43の「グージェール」のつくりかた1、2と同様にして
シュー生地をつくる。

2 鍋に牛乳とチキンスープを入れて火にかける。煮立ち始
めたらごく弱火にし、鍋の汁でぬらしたティースプーンで
1の生地を少しずつすくっては鍋に落とし（photo-A）、約
5分間ゆでてニョッキをつくる（強火で煮立てた汁でゆ
でると生地がいきなりふくらむので、ごく弱火がポイント）。
指で触ったときに弾力が出てくるようになったら、網じゃ
くしなどですくってふきんかペーパータオルにとる（photo-B）。
ゆで汁はこし、350mℓはかっておく。

3 マッシュルームは6〜8等分に切る。たまねぎはくし形に
切る。鍋にバター15gを熱してマッシュルーム、たまねぎ
をいためて取り出す。あとの鍋にバター10gを足して薄力
粉を入れていため、2のはかったゆで汁を加えて煮立て
る。マッシュルームとたまねぎを戻し入れて約10分間煮
る。2のニョッキを加えて温め、生クリーム、塩、ナツメグ
を加える。

ぬらしたスプーンですくうと、生
地がくっつかない。

ニョッキのゆで上がり。このゆ
で汁もソースに使う。

ガレット

galettes

ガレットは、そば粉でつくったブルターニュ地方独特のクレープ。レースのような模様に焼き上げるのがコツ。
生地は食べる前の日に仕込んでおき、翌日焼くとよいでしょう。

材料（2人分）

[ガレット生地]＊
- そば粉 ------ 150g
- 塩 ------ 小さじ 1/5
- 冷水 ------ カップ 1 1/2
- 卵 ------（ごく小さいもの）1コ

紫たまねぎ ------ 1/8 コ
赤ワインビネガー ------ 小さじ 1/2
サラダ油 ------ 小さじ2
ハム ------ 4枚
チーズ（グリュイエールなど）------ 15g
サラダ油（焼くとき用）------ 少々
バター適量

＊生地はつくりやすい分量。
　焼いた生地は約2週間冷凍保存できる。

つくり方

1　ガレット生地をつくる。ボウルにそば粉と塩を入れ、溶き卵と合わせた冷水を加えて泡立て器で混ぜる（photo-A）。ラップをして冷蔵庫に入れ、半日から一晩置く。

2　紫たまねぎは薄切りにし、赤ワインビネガーとサラダ油をからめる。チーズは薄く削る。小鍋にバター20gを入れて溶かし、仕上げ用に温めておく。

3　直径約24cmのフライパンにサラダ油を薄くのばして弱めの中火でしばらく温め、鍋底が平均に熱くなったところで中火にし、バター少々を溶かし、ぐるりとフライパンを回したら、1の生地をレードル（または玉じゃくし）に1杯流し入れて広げる。初めは中火のままで約20秒間焼き、次いで弱めの中火にして生地がフライパンの縁からはがれ始めるまで焼く。生地を裏返して反対の面も焼く（photo-B）。同様にしてすべて焼き上げる。

4　焼き上がったガレット2枚は、それぞれ生ハム以外の好みのハム、2のチーズ、紫たまねぎを等分にはさみ、溶かしておいたバターをガレットに回しかける。

そば粉なので粘りがあるが、泡立て器でしっかり混ぜる。

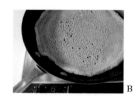

表面に写真のような模様ができると、おいしく焼けた証拠。

ブリニ

blinis

ブリニは小さなそば粉のパンケーキ。もとはロシア料理ですが、フランスでもよく食べます。
魚卵に合いますが、ここではスモークサーモンと合わせて。ふわっと柔らかに焼き上げましょう。

材料（2人分）

a {
そば粉 ------ 70g
薄力粉 ------ 70g
塩 ------ 小さじ 1/4
牛乳 ------ カップ 3/4
ドライイースト ------ 4g
砂糖 ------ 小さじ 1/3
卵 ------ 1コ
}

バター ------ 少々
スモークサーモン ------ 4〜5枚
レモン・粒こしょう ------ 各少々
ディル（あれば）------ 2本
チャイブ（あれば。刻む）------ 4本
アーモンドオイル（またはサラダ油）------ 小さじ2
サワークリーム ------ 少々

つくり方

1　小鍋にaの牛乳を入れて温める。50mℓをボウルに取り分けて砂糖を加え混ぜ、ドライイーストをふり入れてよく混ぜる。残りの牛乳を入れた小鍋にボウルをのせ、イーストが分解し、ボウルの牛乳のかさが2倍に泡立つまでおく（photo-A）。卵を卵黄と卵白に分け、卵白は大きめのボウルに入れ、冷蔵庫で冷やしておく。

2　そば粉と薄力粉を別のボウルにふるい入れ、塩を加える。

3　1のイーストのボウルに小鍋の牛乳、卵黄を加えて混ぜる。2に少しずつ加えながら泡立て器でよく混ぜる。ラップをして室内の暖かいところに約2時間おき、2倍くらいにふくらむまで発酵させる。1の卵白を七分立てくらいに泡立てて加え、ゴムべらで切るように混ぜる。

4　フライパンを弱めの中火で温め、バターを溶かす。3の生地をスプーン山盛り1杯ずつすくって落とし（photo-B）、直径7〜8cmの円形に広げて約2分焼き、裏返してさらに2分間焼く。残りも同様にして焼き上げる。

5　皿にスモークサーモンを盛り、レモンを絞り、粒こしょうをひきかける。ディルとチャイブを散らし、アーモンドオイルをたらす。ブリニにサワークリームとともにのせて食べる。

NOTE　ディル、チャイブの代わりにあさつきのごく細いせん切りでもよく合う。サラダ油を使う場合は、スライスアーモンドをフライパンでいって散らしても。

イーストは小鍋の温もりを利用して発酵を促す。

何枚か同時に焼くことができる。くっつかないように注意。

これはという新鮮な卵でこその一品といったら、それはやはり半熟卵でしょう。卵の大きさや好みにもよりますが、およそ4分間。ゆるすぎず堅すぎずの白身に囲まれたひなたのにおいがする柔らかい黄身においしい塩をひとつまみのせ、棒状に切ったバゲットで柔らかい黄身をツンツンと突いて食べるのは朝食の一品。そのバゲットにごく薄切りのスモークサーモンを巻きつけて、黄身の上にチャイブを散らせば立派な前菜です。鍋に残ったブフ・ブルギニョンのソースにポーチドエッグを添えれば、残り物を使った合理的でおいしい一皿ができ上がります。

｜第5章 卵料理｝

les œufs

ウフ・マヨネーズ

œufs mayonnaise

ゆで卵にマヨネーズという、きわめてシンプルな組み合わせ。カフェでも人気のメニューです。
シンプルなものだけに、マヨネーズは自家製がおすすめです。

材料（2人分）

卵 ------ 4コ

[マヨネーズ] *

　卵黄 ------ 1コ分

　塩 ------ 小さじ 1/6

　マスタード ------ 小さじ 1

　にんにく ------ 少々

　サラダ油 ------ カップ 3/4

　オリーブオイル ------ カップ 1/4

　白ワインビネガー ------ 小さじ 2〜3

ミニトマト ------ 4〜6コ

葉野菜（あればエンダイブ）------ 適量

ズッキーニ ------ 約 1/4 本

ハム（薄切り）------ 4枚

＊これはつくりやすい分量。
　残りは冷蔵庫で約2週間保存できる。

A

分離しやすいので、油は少しず
つ加えてよく混ぜる。

B

卵は堅ゆでに。しっかり冷やす
と殻がツルリとむける。

つくり方

1　マヨネーズをつくる。ボウルににんにくをすりおろして入
　れ、卵黄、塩、マスタードを加えてよく混ぜる。サラダ油、
　オリーブオイルを合わせて、少しずつ加えながら、泡立
　て器でよく混ぜ合わせる（photo-A）。白ワインビネガーを
　加えて混ぜる。

2　葉野菜は小さくちぎり、ミニトマトはヘタを除いて半分に
　切る。ズッキーニは皮をしま目にむき、流水で洗ってから
　ごく薄切りにする。以上は冷蔵庫で冷やしておく。

3　小鍋に卵とかぶるくらいの水を入れて火にかけ、約10分
　間ゆでて堅ゆで卵をつくる。流水にあて、完全に冷まし
　てから殻をむく（photo-B）。

4　皿に2とハム、3の卵を盛る。卵の上に1のマヨネーズを
　かける。食べるときにマヨネーズは別の器に入れて添え
　るとよい。

NOTE　マヨネーズは卵黄と油の温度に差がないようにするこ
　　　　と。卵黄が冷たすぎると分離しやすい。

パルマンティエ風オムレツ

omelette Parmentier

パルマンティエはフランスにじゃがいもを普及させた人の名前です。このオムレツもじゃがいもがたっぷり。
焼いた卵をパタンと折りたたむスタイルで、つくりやすいのも特徴です。

材料 (2人分)

卵 ------ 4コ

塩 ------ 適量

こしょう ------ 少々

バター ------ 20g

サラダ油 ------ 適量

じゃがいも ------ 1コ

たまねぎ ------ (小) 1/2コ

ベーコン (薄切り) ------ 2枚

つくり方

1　じゃがいもは皮をむいて縦4等分に切り、さらに1cm弱の厚さに切る。たまねぎは薄めのくし形に切る。ベーコンは1cm幅に切る。

2　フライパンにバター10gとサラダ油小さじ2を熱し、ベーコンを入れていためる。ベーコンの脂がにじみ出てきたら、じゃがいもとたまねぎを加えていため、塩少々をふってふたをし、約5分間弱火で蒸し焼きにする (photo-A)。焼き上がったらこしょうをふり、フライパンから取り出す。

3　ボウルに卵を割り入れ、塩少々を加えて泡立て器かフォーク2本で卵黄と卵白をしっかりと溶いて混ぜる。

4　2のフライパンにサラダ油少々を足してペーパータオルでふき、強めの中火で残りのバターの半量を溶かし、3の溶き卵の半量を流し入れて焼く。中心部分がやや半熟くらいになったら火から下ろして2の半量を半分の面だけにのせ (photo-B)、フライ返しなどで半分にたたみ、皿に卵をずらしのせる。同様にしてもう1人分つくる。できれば葉野菜のサラダなどを添えるとよい。

じゃがいも、たまねぎにしっかりと火が通ればOK。

後で折りたたむので、具は半分の面だけにのせる。

卵のココット焼き

œuf en cocotte

牛乳を煮詰めたソースに卵を割り入れて、オーブンで焼くだけ。
ふたして湯せん焼きにするので、卵にやさしく火が通ります。

材料（2人分）

卵 ------ 2コ

マッシュルーム ------ 100g

バター ------ 15g

牛乳 ------ カップ $\frac{1}{2}$

ナツメグ ------ 少々

生クリーム ------ 大さじ4

塩 ------ 適量

つくり方

1 マッシュルームは石づきを落とし、冷水で洗って、ふきん
　で水けをふく。半分に切ってから6〜8等分に切る。

2 小鍋にバターを溶かし、マッシュルームを加えていた
　める。塩少々、牛乳を加えて煮立て、弱めの中火で約3
　分間煮る。$\frac{1}{3}$量くらいまで煮詰まったら、生クリームを加え
　て（photo-A）強火にし、ほどよいソース状になるまで煮詰
　める。ナツメグを加え、味をみて必要なら塩少々を加える。

3 小ぶりの耐熱容器2つに2のソースを均等に入れて卵を
　1コずつ割り入れる。オーブンに入れられるバットなどに
　のせ、容器の高さの$\frac{1}{3}$くらいまでの高さに湯を注いでふ
　たをするかアルミ箔をかぶせる（photo-B）。湯せんにして
　180℃に温めたオーブンで7〜8分間焼く。仕上げにあれ
　ばイタリアンパセリなどを飾る。

NOTE このソースや、スープなどに使うマッシュルームは、サラ
　　　ダで使うような真っ白いものよりもかさの内側が少し
　　　茶色っぽいくらいのほうが味が出る。

牛乳をしっかりと煮詰めてから
クリームを加える。

湯せんにして焼くと、卵がなめ
らかに仕上がる。

ズッキーニとトマトのフラン

flan de courgette et tomate

フランはキッシュによく似ていますが、皮をつくる必要がありません。
ふんわりした口当たりで、いためたほうれんそうやマッシュルームなどを入れてもおいしい。

材料（2人分）

ズッキーニ ------ (小) 1本
トマト ------ (小) 1コ
オリーブオイル ------ 大さじ1
塩・こしょう ------ 各適量
タイム（あればエルブ・ド・プロヴァンス）
　　　------ 適量
［フラン生地］
　卵 ------ 1コ
　牛乳 ------ 60㎖
　顆粒チキンスープの素（または固形）
　　　------ 小さじ 1/4
　生クリーム ------ 大さじ1
イタリアンパセリ（あれば）------ 少々

つくり方

1　ズッキーニは皮をしま目にむいて洗い、約5㎜厚さの輪切りにする。トマトは1cm厚さの輪切りにする。

2　フライパンにオリーブオイル小さじ1を熱し、1のズッキーニを並べる。中火で軽く焼き色がつくまで焼き、弱火にして焼き縮むまでさらに焼く。裏返してタイム小さじ1/2をふり、さらに約3分間焼いて（photo-A）塩・こしょう各少々をふって取り出す。同じフライパンにオリーブオイル小さじ1を足して熱し、1のトマトを並べる。弱火で水分がとび、トマトの味が濃くなるまで焼く。

3　フラン生地をつくる。小鍋に牛乳を入れて温め、チキンスープの素を加えて溶く。ボウルに卵を割りほぐし、牛乳を少しずつ加えてよく混ぜ、生クリームも加える。

4　ココットなどの耐熱容器2つにズッキーニの1/3量とトマトは2枚だけ取り分けて、残りを均等に入れ、3のフラン生地を流し入れる（photo-B）。オーブンに入れられるバットなどにのせ、容器の1/3くらいまでの高さに湯を注ぐ。湯せんにして170℃に温めたオーブンで約15分間焼く。焼き上がったら残りのズッキーニとトマトをのせ、タイム少々を散らし、オリーブオイルを小さじ1/2ずつふってさらに2分間焼く。あればイタリアンパセリを添える。

NOTE　シェーブルチーズ（山羊のチーズ）少々をほぐして加えると、コクが出る。その場合、顆粒スープの素は入れなくてよい。

よい焼き色がつくまで焼くと
水っぽさがなくなる。

重ねた野菜が動かないように、
静かに流し入れる。

La Bonne Viande

Boucherie   Volailles

Triperie

Viande de Première Qualité

O. Kermor

Artisan Boucher

骨付きで、あるいは塊の立体的な姿で店先に並ぶ肉は、注文に応じて客の目の前で骨をたたき割り、切り分けられ、掃除され、必要に応じてひもで縛られてゆきます。すでに用意された薄切り肉やひき肉を量り売りするのとは違う、さすが肉食文化の国のお肉屋さんは手仕事と体力で勝負の職人さんです。身体をリズミカルに動かしながらの手早い仕事ぶりにはホレボレ。フランス人がもっとも愛する国民食といえばビフテック・ポンム・フリットで、安価な部位の薄切り牛ステーキにじゃがいものフライ添えです。

| 第6章 肉料理 |

les viandes

鶏肉のバスク風

poulet basquaise

バスク地方は、とうがらしやピーマンの名産地。
パプリカなどで風味をつけた鶏の蒸し焼きに、ピーマンと合わせたご飯の付け合わせがとてもよく合います。

材料（2人分）

鶏もも肉 ------ (小) 2枚

a ｜ 塩・こしょう ------ 各少々
　｜ パプリカ ------ 小さじ ⅔
　｜ カイエンヌペッパー
　｜ 　(あれば。または好みの赤とうがらし粉) ------ 少々
　｜ にんにく (すりおろす) ------ 1かけ分
　｜ オリーブオイル ------ 大さじ1½
　｜ レモン汁 ------ 小さじ2

ジャンボピーマン (緑。またはピーマン) ------ (小) ½コ
たまねぎ ------ (小) ¼コ
トマト ------ (小) 1コ
バター ------ 少々
オリーブオイル ------ 小さじ2
冷やご飯 ------ カップ ⅔
塩・こしょう・タイム ------ 各少々

パプリカなどを加えると、味に深みが出る。

表面は焼き色をつけ、中はごく弱火で蒸し焼きにするのがコツ。

つくり方

1 鶏もも肉は小さめで脂が薄いものを選び、1枚を3等分に切る。ボウルに入れ、aの材料を順に加えて (photo-A)、最低30分、冷蔵庫でマリネする。そのまま1日マリネしても大丈夫。

2 ジャンボピーマンはヘタと種を除いて1cm角に切り、たまねぎも粗みじんに切る。トマトは半分に切って種の部分を除いて1cm角に切る。

3 フライパンにバターを溶かして1の鶏肉を皮を下にして入れ、強めの中火で焼く。皮に香ばしい焼き色がついたら裏返し、約30秒間中火で焼く。再度皮を下にしてふたをしてごく弱火で2分間焼き、返して約2分間、肉の厚みによって様子を見ながら蒸し焼きにする。火が強すぎると肉が焼き縮みして堅くなるので注意 (photo-B)。焼き上がったら肉を皿に取り出し、冷めないように火の近くなど、温かいところに置いて、アルミ箔などで覆っておく。

4 3のフライパンにオリーブオイルを足し、ピーマンとたまねぎを入れていため、トマトを加える。水分が出てきたら強火でとばし、ご飯を加えてさらにいため、塩、こしょう、タイムを加える。3とともに盛り、好みでカイエンヌペッパー少々 (分量外) をふる。

鶏と栗のワイン蒸し煮

poulet braisé au vin blanc

鶏と栗を使ったちょっとぜいたくな一品。鶏のうまみとワインの香味で、しっかりとした味わいに仕上がります。
たまねぎと一緒にマッシュルームなどを加えても。

材料 （2人分）

鶏もも肉 (骨付き) ------ (小) 2枚

塩・こしょう ------ 各少々

ナツメグ ------ 少々

白ワイン (酸味が強くないもの) ------ カップ 1/2

たまねぎ ------ (小) 1コ

栗 (またはむき甘栗)＊ ------ 10 コ

バター ------ 30g

ブランデー (またはダークラム酒など) ------ 小さじ2

バター (仕上げ用) ------ 少々

＊栗の皮を除き、蒸したり、ゆでただけの
ものを瓶詰などにしたもの。実の肉質が
近い甘栗を使ってもよい。

つくり方

1　鶏もも肉は関節に包丁を入れて2等分に切る。骨に沿って切り目を入れ、肉を開く (photo-A)。ふた付きの容器に入れ、塩、こしょう、ナツメグをふる。白ワインをふりかけてふたをし、そのまま冷蔵庫で一晩マリネする。

2　フライパンにバターの半量を入れて熱し、1を皮を下にして焼く。しっかりと焼き色がついたら返し、サッと焼いたらバットなどに取り出す。

3　2のフライパンに残りのバターを溶かし、たまねぎをくし形に切って加え、焼き色がつくまでいためる。2の肉を皮を下にして戻し入れ (photo-B)、バットに残っている汁をこして加え、さらに水大さじ2を加える。鍋の底面が汁で覆えない場合は水分が足りないので、水を多めに加えるとよい。煮立ててふたをし、弱火で約10分間蒸し煮する。肉の上下を返して栗を加え、再度ふたをして、さらに10分間蒸し煮する。

4　3にブランデーを加えて強火でからめ、煮汁が多い場合は少し煮詰める。仕上げ用のバターを加えて風味を出し、味を調える。

肉を開いておくと、火が通りやすくなり、食べやすい。

野菜と肉に、うまみの出たマリネを加えて蒸し煮にする。

トマト・ファルシ

tomates farcies

ファルシとは、詰め物を詰めた料理のこと。トマトにたっぷりと詰め物をしてオーブンで焼くと、
肉と野菜のうまみが凝縮されたジューシーな一品になります。

材料（2人分）

トマト（大）------ 4コ
塩・こしょう ------ 各適量

a {
豚ひき肉 ------ 200g
ハム ------ 60g
食パン ------ 20g
牛乳 ------ 大さじ2
たまねぎ ------ 50g
にんにく ------（大）1かけ
溶き卵 ------（小）1コ分
イタリアンパセリ（粗みじんに切る）------ 大さじ2
塩・こしょう ------ 各小さじ1/2
}

オリーブオイル ------ 大さじ1

つくり方

1　トマトの上部をふたのように切り、とっておく。小さなスプーンでトマトの中身をくりぬき、種と汁はとっておく。網の上に切り口を下にして約15分間おき、水けをきる（photo-A）。トマトの内側に塩・こしょう各少々をふる。

2　aの食パンはちぎって牛乳でふやかす。ハム、たまねぎはみじん切り、にんにくはすりおろす。ボウルにパン、豚ひき肉、ハムを入れてよく混ぜ、溶き卵、にんにく、たまねぎ、イタリアンパセリを加え、湿らせる必要があれば、トマトの汁を少々加え、塩、こしょうを加える（味つけは強めにするとよい）。

3　1のトマトに2を等分に詰める（photo-B）。耐熱容器にオリーブオイル小さじ1をひき、トマトをのせ、180℃に温めたオーブンで約20分間焼く。トマトのふたの部分をのせて、さらに10分間焼く。

4　トマトを器に盛る。3の耐熱容器にトマトの汁カップ1/2を加えて汁をフライパンに入れ、火にかけて煮詰める。塩・こしょう各少々、オリーブオイル小さじ2を加え、器の底に回しかける。

余分な汁をきっておくと、仕上がりが水っぽくならない。

詰め物を奥まで詰める。少し中央を高めにするとよい。

豚肉のソテー　マスタードソース
porc sauté sauce moutarde

香ばしくソテーした豚肉に、はちみつのコクとマスタードの辛み、そしてピクルスの酸味が味のアクセント。
焼き汁のうまみを生かして、ソースに仕上げましょう。

材料（2人分）

豚肩ロース肉（脂身もある部位。1.5cm厚さ）------ 2枚

塩・こしょう ------ 各少々

バター ------ 10g

白ワインビネガー ------ 小さじ2

はちみつ（アカシヤなど）------ 小さじ 1/2

マスタード ------ 小さじ2〜大さじ1（好みに合わせて）

生クリーム ------ 50ml

小型きゅうりのピクルス＊ ------ （小）4本

a ┤ じゃがいも ------ （大）2コ
　　バター ------ 20g
　　塩 ------ 少々

＊コルニション。または小さめのピクルス（小）1本を使う。

A

写真の色のようにしっかり焼いてから、つやを出す。

B

底をこそげ、焼き汁のうまみをソースに生かすのがコツ。

つくり方

1　鍋に湯を沸かし、aのじゃがいもを皮付きのままゆでる。くしがスーッと通るくらいに柔らかくなったら取り出して皮をむき、ボウルに入れて粗くつぶし、aのバター、塩を加え、温かい場所に置いておく。

2　きゅうりのピクルスは細切りにし、豚肉は塩、こしょうをふる。フライパンでバターを強めの中火で溶かし、豚肉を入れて、おいしそうな焼き色がつくまで両面を焼く。白ワインビネガーとはちみつを合わせて加え、肉全体にからめて肉の表面に風味とつやを出す（photo-A）。肉を取り出し、火元の近くに置いて温めておく。

3　2のフライパンに水カップ 1/4 を加え、底をこそげてうまみを浮き上がらせ（photo-B）、生クリームを加えてとろみがつくまで中火で煮詰める。マスタードときゅうりのピクルスを加え、サッと温めたら2の肉とともに皿に盛り、1を添える。

NOTE　マスタードを加えてから火を入れすぎると苦みが出るので注意。きゅうりのピクルス液にからしの粒があれば加えてもよい。

牛ロース肉のステーキ

entrecôte aux échalotes

ソースをつくらなくてもおいしい、エシャロットとタイムの風味でいただくステーキです。
肉を堅くさせずにおいしく焼くには、焼く前に肉を室温に戻しておくこと。仕上げのひきたての白こしょうがきいています。

材料 (2人分)

牛ステーキ肉 (ロースやサーロインなど。1.5cm厚さ)
------ 2枚

塩 ------ 適量

こしょう ------ 少々

バター ------ 15g

サラダ油 ------ 大さじ1

エシャロット (またはたまねぎ) ------ 120g

タイム ------ 6本

粗びきこしょう (白) ------ 少々

つくり方

1 エシャロットは皮をむき、薄切りにする。フライパンにバター10gとサラダ油を熱し、エシャロットを入れていためる (photo-A)。しんなりするまで強火、その後中火にして絶えずかき回しながら全体にあめ色になるまでいためる。タイムを加えて1分間ほどいため、塩少々をふる。

2 牛肉はしばらく室温に出しておいてから、塩・こしょう各少々をふる。厚手のフライパンに残りのバターを溶かし、肉の両面を好みの焼き加減に焼く。

3 2の肉を皿に盛り、塩 (あればフルール・ド・セル) を軽くふる。粗びきこしょう (photo-B) をふり、1のエシャロットをのせ、好みでマスタードを添える。あればタイムを散らす。

エシャロットは強火でいため始め、色づいたら中火にする。

粗びきの白こしょうをふると、味がキリッと引き締まる。

ブフ・ブルギニョン

bœuf bourguignon

ブルゴーニュ風のとろけるような牛肉の赤ワイン煮込みを、本格派だけれど少し手軽なレシピに。
ワインは色の濃い、コクのあるしっかりしたタイプを使うと、味に深みが出ます。

材料（2～3人分）

- a
  - 牛すね肉 ------ 500g
  - にんじん ------（小）1本
  - たまねぎ ------（小）1コ
  - セロリ（ザク切り）------ ½本分
  - ローリエ ------ 2枚
  - 赤ワイン（色が濃いめのもの）------ 350mℓ
- バター ------ 約40g
- サラダ油 ------ 大さじ1
- 薄力粉 ------ 大さじ2
- ビーフスープ＊ ------ カップ1
- 塩・こしょう ------ 各適量
- 赤ワイン（仕上げ用）------ カップ½
- ベーコン（5mm厚さ）------ ½枚
- マッシュルーム ------ 6～8コ

＊ スープの素を濃いめに溶いたもの。

マリネして肉に赤ワインのうまみ、風味を移しておく。

表面を焼き固めておくと、肉のうまみが逃げない。

つくり方

1　aのにんじんは皮をむいて乱切り、たまねぎは皮をむいて6等分に切る。牛すね肉は12等分に切る。ボウルにaの材料をすべて入れ、ラップをし、冷蔵庫で一晩マリネする（photo-A）。

2　1の牛肉を取り出し、手でギュッと絞るようにして汁けをきる。フライパンにバター10gとサラダ油を熱して肉を入れ、表面にしっかりと焼き色をつけ（photo-B）、厚手の鍋に入れる。フライパンにバター10gを足し、1の野菜を入れていためる。薄力粉をふり入れてさらにいため、鍋に加える。フライパンにビーフスープを入れ、底をこそげてうまみを浮き上がらせ、鍋に加える。

3　2の鍋に1のマリネ液を加えて中火にかける。水を肉の高さぎりぎりくらいまで加え、塩小さじ⅓をふる。煮立ったらアクをすくい、とろ火にしてふたを少しずらしてのせ、2時間30分～3時間煮込む。煮上がったらこして、ソースを鍋に戻す。味加減によっては強火で煮詰めて濃さを調整し、肉を戻し入れる。この間に別の鍋に仕上げ用の赤ワインを入れて煮立て、アルコール分をとばす。ワインの量が元の約⅓量になるまで煮詰める。

4　ベーコンは1cm幅に切り、マッシュルームは洗って小さければ半分、大きければ4等分に切る。フライパンにバター15gを溶かしてベーコンをいため、脂がにじみ始めたらさらに残りのバターを足してマッシュルームを加える。3の肉の鍋に加え、仕上げ用のワインも加えて約10分間煮、塩・こしょう各少々で味を調える。

まぐろやあんこう、えいのような大きな魚は別として、たいていの魚は一尾丸のまま。贅沢品というかんじで華やかにきれいにディスプレイされて店頭に並びます。目が合うと買って帰らずにはいられないかわいいうるんだ目をしたひめじ、銀のヨロイをまとった侍のように凛々しいたい、バチバチのブルージーンズをはいたギャルソンのように生きがよいいわしや鮮やかに赤いゆでたてのえび。あの大きな海からここまでやってきて、そして出会ったご縁を感じる魚屋の店先です。

| 第7章 魚料理 |

les poissons

いわしのマリネ

sardines marinées

小ぶりの新鮮ないわしが手に入ったら、マリネしておくと便利です。
柔らかな酸味でさっぱりとおいしく、そのままでも、パンにのせていただくのもおすすめ。キリッと冷やした白ワインとどうぞ。

材料 (2人分)

いわし (体長 15cmくらいのもの。生食用) ------ 6匹
塩 ------ 少々
白ワインビネガー ------ 大さじ2
a ┌ ジャンボピーマン (赤) ------ (小) 1/6 コ
  │ たまねぎ ------ (小) 1/4 コ
  │ オリーブオイル ------ 小さじ2
  └ 塩・こしょう ------ 各少々
オリーブオイル (マリネ用) ------ 大さじ4
b ┌ じゃがいも ------ 1コ
  │ 白ワインビネガー ------ 小さじ1
  │ サラダ油 ------ 大さじ1
  └ 塩 ------ 少々
イタリアンパセリ (あれば) ------ 少々

つくり方

1 　aのジャンボピーマンとたまねぎは薄切りにする。フライパンにオリーブオイルを熱し、ジャンボピーマンとたまねぎをいためる。しんなりしたら塩、こしょうを加え、火から下ろして冷ます。

2 　いわしはウロコを取り、頭を落として3枚におろす。塩を加えた海水くらいの冷たい水で手早く洗い、ペーパータオルで水けをふく。ボウルに白ワインビネガーを入れ、いわしを酢洗いする (photo-A)。すぐにバットなどにとって汁けをきる。

3 　小さめの陶器かガラスの容器などに、1の野菜少々と、2のいわし半量を入れ、オリーブオイルの半量を加える (photo-B)。さらに1の半量、2の残り、1の残りを重ね、オリーブオイルをかける。へらなどで上面を押さえて平らにし、ふたかラップをして冷蔵庫に半日〜1日おく。

4 　bのじゃがいもは皮付きのまま柔らかくゆで、皮をむいて小さな乱切りにする。ボウルに入れ、bの残りの調味料を順に加えて味を調える。

5 　器に3と4を盛りつけ、イタリアンパセリを散らす。

NOTE じゃがいもはゆでて、まだなま暖かいくらいが魚とのバランスがよい。3まで仕上げると、約5日間もつ。

いわしは表面を酢洗いして、生臭みなどを取っておく。

いわしと野菜を交互に重ねることで、味がなじむ。

白身魚のパネソテー
filet de poisson pané

パン粉をつけて揚げ焼きにした白身魚をケイパーとバターの風味でいただきます。
パン粉を細かくしておくと、油を吸いすぎず、きれいに揚げられます。

材料（2人分）

白身魚のフィレ＊（生だら、ひらめなど）------ 2枚

塩・こしょう ------ 各少々

薄力粉 ------ 適量

溶き卵 ------ 少々

パン粉（乾）------ カップ 1/2

サラダ油 ------ 大さじ2

バター ------ 10g

卵 ------ 2コ

ケイパー ------ 大さじ2

パセリ ------ 少々

溶かしバター（仕上げ用）------ 20g

レモン ------（小）1/2 コ

＊3枚におろしたものや切り身状のものなどでよい。

つくり方

1　小鍋に卵とかぶるくらいの水を入れ、約10分間ゆでる。流水にあててじゅうぶんに冷ましてから殻をむく。黄身だけを取り出し、指先でほぐす。パセリは粗くちぎり、葉が堅い場合は粗みじんに切る。パン粉はざるに入れて手のひらで押し出し、細かくしておく（photo-A）。

2　魚は水分が多ければペーパータオルではさんで水けを取り、塩、こしょうをふる。薄力粉をまぶし、溶き卵にくぐらせて1のパン粉をまんべんなくまぶしつける。

3　フライパンにサラダ油とバターを入れて熱し、2を入れ、両面を約1分30秒間ずつ揚げ焼きし（photo-B）、余分な油をきって皿に盛る。

4　3に1の卵の黄身を粗くほぐしたもの、パセリ、ケイパーを散らし、溶かしバターをかける。食卓に出して、レモンを絞る。

NOTE　白身魚のほか、帆立て貝柱でパネソテーをしてもおいしい。残った卵の白身はサラダなどに使うとよい。

パン粉の目を細かくすると、軽い仕上がりになる。

少なめのサラダ油とバターで両面からじっくりと揚げ焼きする。

あさりのポワレ

poêlée de palourdes

ポワレとはフライパンで調理した料理のこと。あさりのだしとセロリの風味がおいしい。
セロリと葉はごく柔らかいものを選ぶこと。堅い場合は代わりにたまねぎのみじん切りとパセリの葉を使ってください。

材料（2人分）

あさり（砂抜きしたもの）------（大）20コ（400g）
バター ------ 25g
白ワイン（または水）------ 大さじ4
セロリの茎（細く柔らかいもの）------ 1本（40g）
セロリの葉（柔らかい部分）------ 少々
塩・こしょう ------ 少々

つくり方

1 あさりは殻をこすり合わせるようにしてよく洗い、ざるに上
   げる。

2 セロリの茎は堅ければ筋を取り、8mm角くらいに切る。セロ
   リの葉は粗くちぎる。

3 フライパンか浅鍋にバターを溶かし、セロリを入れていた
   め、あさりを加えてさらにいためる（photo-A）。強火にし
   て白ワインをふり入れてアルコール分をとばし、ふたをし
   て中火であさりが開くまで蒸し煮する。あさりが開いて
   も、水分が少ない場合は、セロリの葉を加える前に水
   少々を加えるとよい（ここで白ワインを加えるとアルコール
   のにおいがつくので避ける）。セロリの葉を加えてこしょ
   うをふる（photo-B）。味をみて、必要ならば塩を加え、汁
   がうすいようなら強火でサッと煮詰めて仕上げる。

NOTE 味をみてうすいときは煮詰め、濃いときは少し水を足
      す、風味が足りないときはバターを余分に足すなどし
      て加減する。皿に残ったソースをパンにつけて食べる
      とおいしい。

セロリとあさりは、ここではサッと
いためればよい。

葉は柔らかいので、最後に加え
るようにする。

いかのプロヴァンス風

encornet à la provençale

柔らかいいかにハーブの香りがきいている南仏風の一皿。
火を通しすぎると堅くなるので、ごくごく短時間でいためるのがコツ。キュッとレモンを絞ってどうぞ。

材料（2人分）

いか ------ (120gくらいのもの) 3ばい (正味250g)

a ┌ オリーブオイル ------ 小さじ2
  │ にんにく (すりおろす) ------ (小) 1かけ分
  │ タイム ------ 小さじ½
  └ 塩・こしょう ------ 各少々

エシャロット ------ 2コ (またはたまねぎ¼コ)

イタリアンパセリ (みじん切り) ------ 大さじ3

グリーンオリーブ (種抜き) ------ 20g

オリーブオイル ------ 大さじ1

レモン汁 ------ 適宜

つくり方

1 いかは内臓と軟骨を除いて皮をむき (photo-A)、目とくちばしを除く。流水できれいに洗い、胴は1cm弱の幅の輪切りにし、足の部分は適当な長さに切る。

2 ボウルに1のいかを入れ、aの材料を加えて混ぜ、約15分間おいて下味をつける (photo-B)。ここでは、塩、にんにくの味は強めでOK。

3 エシャロットは薄切りにし、オリーブは4等分に切る。フライパンに半量のオリーブオイルを熱し、エシャロットを中火でいためる。柔らかくなったら残りのオリーブオイルを加えて強火にし、2のいかを加えてサッといためる。一番の強火でごく短時間にいためるのがポイント。仕上げにイタリアンパセリ、オリーブを加えて火から下ろす。好みでレモン汁を加える。

ひと手間かけて皮をむく。ごく柔らかく仕上がる。

この下味が味の基本。混ぜてなじませておく。

ブランダード

brandade de morue

たらとじゃがいもでつくる定番料理です。フランスでは干しだらを使います。
焼かずにペースト状のままでもおいしいですが、カリッと表面を焼いた風味はまた格別。パンにのせてどうぞ。

材料（2人分）

じゃがいも ------ 3コ（250g）
生だら（または甘口の塩だら）------ （小）2 切れ（200g）

a ┌ 牛乳 ------ 120mℓ
  │ オリーブオイル ------ 小さじ2
  │ 塩 ------ 小さじ$\frac{1}{4}$
  │ にんにく（すりおろす）------ $\frac{1}{2}$かけ分
  └ ローリエ ------ 1枚
生クリーム ------ 大さじ3
オリーブオイル ------ 大さじ2
塩 ------ 少々
オリーブオイル（容器ぬり用）------ 少々
パン粉・バター ------ 各適量

つくり方

1 　じゃがいもは皮をむき、8等分に切って熱湯に入れ、柔らかくゆでる。

2 　たらは表面の余分な水けをペーパータオルでふき、皮と骨を取り除き、1切れを4〜5等分に切る。

3 　2のたらがちょうど並ぶくらいの鍋に、aの材料と2のたらを入れ（photo-A）、中火で静かに煮、軽く煮立ち始めたら紙などで落としぶたをして、約5分間煮る。たらが完全に牛乳に浸っていなくてもOK。たらに火が通ったらローリエを取り除き、1のじゃがいもを加えて、たらとともに木べらでつぶし混ぜる（photo-B）。生クリーム、オリーブオイル大さじ1$\frac{1}{2}$を加え混ぜ、塩で味を調える。

4 　耐熱容器の内側にオリーブオイルをぬり、3を入れてならす。表面にパン粉を散らし、ところどころにバターをのせて190℃に温めたオーブンで8〜10分間焼く。焼き上がったら、表面にオリーブオイル大さじ$\frac{1}{2}$をかける。好みでバゲット、サラダを添える。

NOTE　バゲットは薄切りにしてオリーブオイル少々をぬり、いっしょにオーブンで焼くとよい。

たらを牛乳で煮てからほぐすので、まろやかになる。

たらの繊維をほぐすようにつぶし、よく混ぜる。

白身魚のポワレ　トマトソース

filet de poisson poêlé à la sauce tomate

白身魚をレモン風味のオリーブオイルで焼き、トマトソースをかけます。
フレッシュトマトのソースは、焦がしバターとケイパーの風味で、時間をかけなくても驚くほどの味わいになります。

材料（2人分）

白身魚 (たらなど。切り身) ------ 2切れ
塩・こしょう ------ 各少々
[トマトソース]
　バター (食塩不使用) ------ 30g
　マッシュルーム ------ (石づきを取って) 60g
　トマト ------ 120g
　ケイパー ------ 小さじ2
　塩 ------ 少々
オリーブオイル ------ 少々
レモン (国産。薄切り) ------ 4枚
イタリアンパセリ (あれば) ------ 少々

つくり方

1　白身魚は水分が多いものの場合は、ペーパータオルで
　余分な水分を取り除いておく。塩、こしょうをふって下味
　をつける。

2　トマトソースをつくる。マッシュルームは小さめの角切り
　にし、トマトは湯むきして皮と種を取り、1cm角に切る。ケ
　イパーは粒が大きければ粗みじんに切る。鍋にバター
　を入れて弱火にかける。焦げすぎないように注意しなが
　らバターが薄茶色になるまで火を通し (photo-A)、泡
　立ってきたらマッシュルームを加えて中火でいためる。
　しっかりと火が通ったら、トマトを加えてサッと混ぜ、再
　度煮立ったら弱火にして、さらに2、3分間煮る。ケイパー
　を加え (photo-B)、さらに塩を加えて味を調える。

3　フライパンにオリーブオイルを熱し、レモンを入れて軽く
　いためる。1の切り身を入れ、両面に軽く焼き色がつくま
　で焼く。

4　皿に3をレモンとともに盛り、2のソースをかける。あれば
　イタリアンパセリを添える。

NOTE　たっぷりのバターがポイント。これでコクが出るので、
　　　多いと思っても減らさないこと。

バターが色づき、木の実のよう
な香ばしい香りになればOK。

ケイパーを加えると、味が複雑
になり、ほどよい酸味がつく。

ブイヤベース

bouillabaisse

南仏マルセイユ名物の、魚介類のうまみをギュッと凝縮させた一品。
市販のルイユ（にんにくやとうがらし入りのマヨネーズのようなソース）があれば、パンとともに添えるとさらにおいしく楽しめます。

材料 （2人分）

魚 （ほうぼう、おこぜなど） ------ 1匹

えび （大正えびなど） ------ （小） 4匹 （または〈大〉2匹）

やりいか ------ （小） 1ぱい

にんにく ------ （小） 1かけ

たまねぎ ------ 1/4コ

トマト （完熟） ------ （小） 1コ （80g）

じゃがいも ------ 1コ

オリーブオイル ------ 大さじ1

白ワイン ------ カップ 1/4

サフラン （あれば） ------ ふたつまみ

パプリカ ------ 小さじ 1/4

塩 ------ 少々

カイエンヌペッパー （または好みの赤とうがらしの粉）
------ 少々

生っぽいうちはつぶしにくいが、
火が通るとやりやすい。

煮込んでうまみを凝縮させたら、
魚の頭やえびの殻はこして除く。

つくり方

1　魚はウロコと内臓を取り、ヒレを除く。頭を落として流水で洗い、頭は縦半分に切る。身は2枚におろし（片身には骨がついた状態）、それぞれ4つに切る。えびは頭と殻をはずし、背ワタを取る。頭と殻は取っておく。やりいかは内臓と軟骨を除いて皮をむき、目とくちばしを除く。流水で洗って胴を約1cm幅に切る。足は食べやすく切る。にんにくとたまねぎは薄切りにする。トマトは乱切り、じゃがいもは皮をむいて大きめの一口大に切る。

2　鍋にオリーブオイルを熱し、にんにくとたまねぎを入れていためる。魚の頭、えびの頭と殻を加え、中火でいためる。色が変わってきたら魚の頭は粗めに、えびの頭はミソを出すように木べらでつぶし、さらにいためる（photo-A）。生臭みが消えて香りがよくなったら火を強め、白ワインを注ぐ。鍋底をこそげてうまみを浮き上がらせ、アルコール分をとばす。1のトマトと水カップ1 1/2、じゃがいもを加えて煮立て、アクをすくう。少量の湯に入れて色出ししたサフラン、パプリカを加え、弱火にして約20分間煮る（photo-B）。

3　2をざるでこし、ソースとじゃがいもを取り出して鍋に戻す。強火にかけて煮立てたら、骨付きの魚の身を入れて約1分30秒間煮、さらに骨の付いていない魚の身とえび、いかを加えてサッと煮る。塩、カイエンヌペッパーで味を調え、濃厚なソースに仕上げる。

089

卵と砂糖、牛乳を使ったバニラ風味のデザートはフランス家庭料理の基本です。泡立てた卵白をゆでて、カスタードソースを添えたウ・ア・ラ・ネージュ、牛乳で甘く煮たお米にカスタードソースを添えたリ・オ・レ、そしてクレーム・カラメル……。でも毎日きちんとデザートを手づくりするかというと、そんなこともなく、フルーツにリキュールと粉砂糖をまぶすだけ、ヨーグルトにコンフィチュール（ジャム）を添えるだけでもデザート。そう考えて気楽に食後の一口を。

｜第8章 デザート｜

les desserts

赤い実のクープ

coupe aux fruits rouges

いちごとラズベリーに酸味のあるクリームを添えて。メレンゲのカリカリした歯ごたえがアクセントです。
脚付きのクープグラスでなくても、手ごろな器で楽しんでくださいね。

材料（2人分）

いちご ------ 120g

キルシュ ------ 小さじ2

粉砂糖 ------ 小さじ2

ラズベリー ------ 80g

a
サワークリーム ------ 60g
プレーンヨーグルト ------ 40g
粉砂糖 ------ 小さじ2

焼きメレンゲ＊（または市販のビスキュイなど）
------ 適量

粉砂糖 ------ 少々

＊手づくりしても、市販のものでもよい。

つくり方

1　ボウルにいちごを入れ、キルシュと粉砂糖をふってまぶし（photo-A）、冷蔵庫に15〜30分間入れる。

2　別のボウルにaの材料を入れ、よく混ぜ合わせる。

3　ガラス容器などに1のいちごをにじみ出た果汁とともに盛り、ラズベリーも盛りつける。2のクリームを添える。焼きメレンゲ（photo-B）をざっくりと割って上から散らし、粉砂糖をふる。

焼きメレンゲ

［材料］卵白（大）1コ分／塩ひとつまみ／グラニュー糖25g／粉砂糖25g

［つくり方］ボウルに冷たい卵白を入れてほぐし、塩を加えて泡立てる。六分立てくらいになったらグラニュー糖を何回かに分けて加えて泡立て、堅いメレンゲをつくる。粉砂糖をふるいながら加えて練り混ぜる。天板にオーブン用の紙を敷き、メレンゲを直径1.5cmの丸形口金をつけた絞り袋で絞るか、スプーンですくって落とす。60℃のオーブンで半日ほど乾燥焼きにする（高い温度しか設定できないときは、最低温度にし、焼き時間も加減する）。紙からスッと簡単にはがれるようになれば焼き上がり。

いちごはマリネして風味をプラス。ラズベリーはそのままでよい。

メレンゲのほか、市販のビスキュイやスポンジを使っても。

クレーム・カラメル
crème caramel

おなじみのプリンは、フランスの食後の定番の一品。オーブンで湯せんにし、柔らかく蒸し焼きにします。
なめらかな食感、レモン風味の酸味のきいたカラメルがおいしい。

材料（2～3コ分）

卵 ------ 2コ

グラニュー糖 ------ 40g

牛乳 ------ カップ1

ブランデー ------ 小さじ1

（またはバニラエッセンス少々）

［カラメル］＊

グラニュー糖 ------ 60g

水 ------ 大さじ4

熱湯 ------ 大さじ4

レモン汁 ------ 小さじ1

＊カラメルは使う分量の約2倍できる。
残りは冷蔵庫で約2週間保存できる。

つくり方

1 ボウルに卵を割り入れ、泡立て器でよくほぐし、グラニュー糖を加えて混ぜる。小鍋に牛乳を入れ、火にかけて温めたら卵液に加える。ブランデーを加え、目の細かいざるなどでこす。表面に浮いている泡をすくい取り、耐熱容器2～3コに均等に分け入れる。

2 大きめの耐熱の器やオーブンに入れられるバットなどに1の耐熱容器を並べて、容器の高さの1/3くらいまでの高さに湯を注いで湯せんにし、アルミ箔をかぶせて（photo-A）150℃に温めたオーブンに入れ、約30分間焼く。

3 カラメルをつくる。小鍋にグラニュー糖と水を入れ、軽くゆすりながら煮詰める。あめ色になったらレモン汁を加えた熱湯を注ぐ。はねることがあるので注意すること。鍋をゆすりながら1分ほど煮詰めてから火を止める（photo-B）。

4 2を室温で冷まし、完全に冷めてから冷蔵庫に入れて約半日おき、落ち着かせる。表面に3のソースを流し入れる。

NOTE 前日つくっておいた場合は、冷蔵庫から出したてだと冷たすぎるので、食事を始めるときに冷蔵庫から出しておくと、ちょうどよい温度になる。

湯せんで焼く。表面が乾かないようにアルミ箔をのせる。

カラメルの色はこのくらいに仕上がっていればよい。

レモンのオムレツスフレ

omelette soufflée au citron

ふわふわのレモン風味のデザートです。フライパンで焦げないように火加減に注意しながら焼くのがコツ。
焼きたてのふんわりとふくらんだところをどうぞ。

材料（2人分）

卵黄 ------ 2コ分

グラニュー糖 ------ 大さじ2

レモン汁 ------ 小さじ2

レモンの皮（国産。すりおろす）------ 小さじ $\frac{1}{2}$

牛乳 ------ 小さじ2

薄力粉 ------ 小さじ1

a ┌ 卵白 ------ 1コ分
　├ 塩 ------ ひとつまみ
　└ グラニュー糖 ------ 大さじ1 $\frac{1}{2}$

サラダ油 ------ 少々

バター ------ 小さじ2

粉砂糖 ------ 少々

つくり方

1 直径約20cmのフライパンを中火にかけ、底を温めたらサラダ油をほんの少々落としてペーパータオルでのばし、弱火にかけてならしておく。

2 ボウルに卵黄とグラニュー糖を入れて泡立て器でよく混ぜる。レモン汁、レモンの皮を加え、牛乳で溶いた薄力粉を加え混ぜる。

3 別のボウルにaの卵白と塩を入れて泡立てる。ふんわりし始めたら、グラニュー糖を2回に分けて加えながら泡立て、持ち上げると先が少したれるくらいの八分立てのメレンゲにする。2のボウルにメレンゲの半量を加え、ザッと混ざったら、残りのメレンゲも加える（photo-A）。

4 1のフライパンを弱めの中火にかけてバターを入れて溶かし、3の生地を流し入れる（photo-B）。同じ火加減のまま約20秒間焼き、周囲の生地が乾き始めたら、ごく弱いとろ火にしてふたをして約2分間、火が通り、底が焦げないようにしながら焼く。

5 4のオムレツを半分にたたんで皿にのせ、粉砂糖をふる。

NOTE 取っ手のはずせるフライパンの場合は、20秒間焼いたあと、160℃のオーブンで約3分間焼くと、さらにふんわりと仕上がる。グラニュー糖を減らして、りんごジャムやマーマレードをリキュールでのばしてはさんでもおいしい。

メレンゲがつぶれないように手早く混ぜる。

生地を流すとシューと静かな音がするくらいが適温。

クラフティ

clafoutis

色の濃いダークチェリーでつくるジワッと柔かいお菓子です。紫色のプラムや缶詰のダークチェリーを使ってもOK。
軽く温めなおす場合には、上にバターをぬってグラニュー糖をふりかけると、さらにおいしくなります。

材料 （長径22cmの耐熱容器1コ分）

ダークチェリー（よく熟したもの）------ 200g

卵 ------ （大）1コ

グラニュー糖 ------ 40g

塩 ------ ひとつまみ

薄力粉 ------ 15g

溶かしバター（食塩不使用）------ 20g

牛乳 ------ 70mℓ

バニラエッセンス ------ 少々

レモンの皮（国産。すりおろす）------ （小）1/4コ分

レモン汁 ------ 小さじ1

粉砂糖（仕上げ用）------ 少々

つくり方

1 ダークチェリーは軸と種を除き、耐熱容器に並べる。

2 ボウルに卵を割り入れて泡立て器でよくほぐし、グラニュー糖、塩を加えてさらによく混ぜる。ふるっておいた薄力粉を少しずつふるい入れて混ぜ（photo-A）、溶かしバターを加える。牛乳を加え混ぜ、バニラエッセンス、レモンの皮、レモン汁を加える。

3 2を1に流し入れ（photo-B）、170℃に熱しておいたオーブンで20〜25分間焼く。焼き上がったら型に入れたまま冷まし、表面に粉砂糖をふる。

さくらんぼの種抜き：種は、専用の種抜き器を使うと上手にできる。なければペティナイフで果肉に切り目を入れて種を抜く。

ダマにならないように、薄力粉は少しずつふるい入れる。

生地は静かに流し入れると、チェリーが偏らない。

ブリオッシュのタルト・タタン

tarte Tatin minute

タルト・タタンはりんごをのせたパイのお菓子ですが、ブリオッシュで手軽に。
カラメル色に焼き上げたりんごの甘い香りがたまりません。

材料 (2人分。直径10cmの丸型2台分)

りんご ------ (小) 1コ (皮と芯を除いて正味250g)

バター ------ 25g

グラニュー糖 ------ 20〜25g

ブリオッシュ ------ 1コ

a ┌ 卵 ------ 1コ分
　│ 牛乳 ------ 大さじ1
　└ グラニュー糖 ------ 小さじ½

生クリーム ------ 50mℓ

粉砂糖 ------ 小さじ1

つくり方

1　りんごは皮と芯を取り、1cm強厚さのくし形に切る。フライパンにバターを溶かし、りんごを入れて強火でいためる。弱火にしてグラニュー糖を加え、時々上下を返しながら濃いあめ色に焼き縮むまでじっくりと約20分焼き上げる (photo-A)。

2　ボウルにaの卵を溶きほぐし、牛乳とグラニュー糖を加えて混ぜる。

3　型の底にオーブン用の紙を敷き、1のりんごを半分ずつ並べ入れる。ブリオッシュを横に1cm厚さに切り、りんごの上にのせる。透き間ができたら残りのブリオッシュを詰めて、りんごに押しつけてなじませる。2の卵液をスプーンでブリオッシュにかけて、しみ込ませる (photo-B)。

4　190℃に温めておいたオーブンに3を入れ、約8分間焼く。全体がしっかりと固まっていればよい。型から抜き出して上下を返して網のせ、冷ます。なま温かいくらいが食べごろ。食べるときに、粉砂糖を加えて泡立てた生クリームを添える。

りんごは全体が濃いあめ色になるくらいまで焼き上げる。

卵液が多すぎるときれいにできないので、卵の大きさに注意。

ムース・オ・ショコラ

mousse au chocolat

チョコレートとサワークリーム、ホイップクリームを合わせるだけで、簡単なのに極上のムースができます。
くどすぎず、ふんわりしてなめらかに口の中でスッと溶けます。

材料（2人分）

製菓用スイートチョコレート ------ 80g

生クリーム ------ 80ml

粉砂糖 ------ 10g

サワークリーム（あればフロマージュ・ブラン）
　　　------ 100g

コニャック（またはブランデー）------ 大さじ½

ココア ------ 適量

つくり方

1　チョコレートは小さく削って小鍋かボウルに入れる。湯せんにかけて、なめらかに溶かす（photo-A）。湯せんから外して人肌くらいまで温度を下げる。

2　ボウルに生クリーム、粉砂糖を入れて氷水にあてながら、すくってみて、クリームの落ちた跡が残るくらいまで泡立てる。

3　室温にしておいたサワークリームをなめらかに練り、1のチョコレートを加えて泡立て器で混ぜる。コニャックを加え、氷水にあてながら、ゴムべらで静かにかき混ぜて生地をしめてから、2のクリームを加えて混ぜる（photo-B）。

4　3を口金をつけない口の広い絞り袋に入れて絞り出すか、スプーンを使って、小さめの器2コに均等に分け入れる。冷蔵庫で約1時間冷やす。上にココアをふる。

NOTE　コニャックやブランデーの代わりにチョコレートに合うラズベリーやオレンジのリキュールなどを使ってもおいしい。

湯せんにするときは、湯気が入らないようにするとよい。

クリームの泡がつぶれないように、ムラなく混ぜる。

| おつまみ |

les bouchées

料理も一段落したホッとするひととき。
キッチンの照明を落として、食卓で開けるワインを
一足先に味わえるのは料理人の愉しみです。
そして料理をつくった人の特権といえば、
誰もがねらうバゲットの両端の、
パンのうまみや香ばしさが際立つところを
薄切りにしてつまめることでしょう。
ノンアルコールがお好みならば、
バルサミコヴィネガーを加えた
発泡性のミネラルウォーターもおすすめです。

材料 (つくりやすい分量)

オイルサーディン (缶詰) ------ 50g

a ⎰ レモン汁 ------ 少々
　 ⎰ しょうが汁 ------ 少々
　 ⎰ たまねぎ (ごく細かいみじん切り) ------ 小さじ2
　 ⎰ トマトケチャップ ------ 小さじ 1/2

ミニトマト ------ 2コ

オリーブオイル ------ 少々

バゲット (薄切り) ------ 適量

つくり方

1　ミニトマトは8mm厚さの輪切りにする。フライパンにオリーブオイルを熱してトマトを焼き、弱火で水分をとばして風味を濃くする。

2　オイルサーディンは缶汁をきってボウルに入れ、フォークなどで細かくつぶす。aを加えてペースト状にする。好みでカイエンヌペッパー少々 (分量外) を加えてもおいしい。

3　バゲットに2、1をのせる。あればオレガノを添える。

pâté de sardine à l'huile

オイルサーディンのペースト

缶詰のオイルサーディンを使って簡単なおつまみはいかが？
味の濃いトマトと、とてもよく合います。

材料 (つくりやすい分量)

a
- ブラックオリーブ (種抜き) ------ 50g
- レーズン ------ 大さじ1
- エシャロット (またはたまねぎ) ------ 20g

- オリーブオイル ------ 適量
- 塩 ------ 適量
- バゲット (薄切り) ------ 適量

b
- グリーンオリーブ (種抜き) ------ 50g
- 松の実… (山盛り) 大さじ1
- バジルの葉 ------ 5〜6枚
- にんにく (すりおろす) ------ 少々
- タイム (あればエルブ・ド・プロヴァンス) ------ 少々
- レモン汁 ------ 少々

つくり方

1　aのオリーブは細かく刻み、レーズンは湯につけて戻し、絞って粗みじんに刻む。エシャロットは薄切りにしてオリーブオイル少々でいためる。ボウルにaの材料とオリーブオイル小さじ2を入れて混ぜ、塩少々で味を調える。

2　bのオリーブは粗く刻み、松の実は粗みじん、バジルの葉はみじん切りにする。ボウルにbの材料とオリーブオイル小さじ1を加えて混ぜ、塩少々で味を調える。

3　バゲットに1、2をのせる。あればバジルの葉を散らす。

tapenade

タプナード

タプナードはプロヴァンス地方のオリーブを使ったペースト。
ここではおつまみ用にアレンジした、緑と黒のオリーブの2種の味をご紹介します。

材料 (つくりやすい分量)

チーズ (グリュイエールやエメンタール、
　　あまり熟成の深くないコンテなど) ------ 適量

ドライフルーツ (プラム、アプリコットなど) ------ 適量

バゲット (薄切り) ------ 適量

つくり方

1　チーズは厚めに切り、ドライフルーツも適当な大きさに切る。

2　バゲットにチーズをのせ、180℃に温めたオーブンかオーブントースターの天板にのせて、チーズが溶けるまで焼く。ドライフルーツをのせる。

　　NOTE　ドライフルーツは、干しいちじくもよく合う。レーズンやドライマンゴー、パパイヤにくるみやカシューナッツを加えた市販のミックスタイプのおつまみを器に入れて添え、ドライフルーツの代わりにのせてもおいしい。

tranches de pain grilées au fromage

チーズトースト

チーズとドライフルーツをのせた一口サイズのトーストは、
アペリティフにも食後の一口にもうれしいもの。キリッと冷やした白ワインとどうぞ。

材料 (つくりやすい分量)

チーズ (ブリー、ロックフォールなど) ------ 適量
コンフィチュール (ルバーブなど) ------ 適量
はちみつ ------ 適量
くるみ ------ 少々
バゲット (薄切り) ------ 適量

つくり方

チーズは食べやすく切り、それぞれバゲットにのせる。ブリーに
コンフィチュールを添え、ロックフォールにははちみつとナッツを
添える。

NOTE 白かびのブリーやカマンベール、ブリアサヴァランのようなク
リーミーなタイプの牛乳ベースのチーズには、甘酸っぱいルバーブや、酸味が控えめなりんごや洋梨のジャムなどがよく合
う。青かびのロックフォールは独特の辛みがあり、くるみとは
ちみつの取り合わせが合う。

fromage et confiture

チーズとコンフィチュール

チーズに、フルーティーなコンフィチュール(ジャム) の取り合わせも絶妙。
はちみつとナッツもよく合います。好みの組み合わせを見つけてください。

Le guide des ingrédients

フランス料理を楽しむために
食材ガイド

フランス料理といっても、特別な材料が必要なわけではありません。でも少し加えるだけで、グンと味が違ってくる、そんなスパイスや調味料があります。フランス料理を楽しむのに、これさえあればもっとフランスの味が身近になる、そんな食材をご紹介します。

サラダ油とオリーブオイル（a）があればOK。プラスするなら、アーモンドオイル（b）とくるみオイル（c）が便利。アーモンドオイルは魚料理によく合い、バターの代わりに使うと風味がよい。くるみオイルは濃厚な風味でサラダに合い、ヴィネグレットソースに1さじ加えたりするとよい。ただしオリーブオイルとは合わないので、いっしょに使わないこと。

オイル

塩は、粒の大きさによって使い分けするのがおすすめ。粗塩（a）は野菜やパスタをゆでたり、長時間の煮込み料理やだし汁に使う。細かい塩（b）はなじみやすいので素材に直接ふりかけるのに向き、仕上げの味つけなどに。粒の大きいフルール・ド・セル（塩の花。c）は料理に部分的にカリッとした食感のある塩味を強調したいところにつまんでのせるとよい。

塩

110

スパイス

写真の4種類のスパイスだけでも、いろいろな料理に使えて便利。ナツメグ（a）はクリームの料理に、カイエンヌペッパー（b）は赤とうがらしの粉で、ピリッとさせたいときに使う。クミン（c）はラタトゥイユなどに加えるだけで、エキゾチックな風味に。パプリカ（d）は辛みのないとうがらしの仲間を粉にしたもので、マリネや料理の色づけにも。

粒の白、黒のこしょう (**a**、**b**) と、こしょうひきを用意し、その料理に合わせてひき具合を調整して、ひきたての香りを楽しむのがおすすめ。ごく粗びきにしたこしょうを「ミニョネット」といい、ピリッとした辛み、香りでステーキの味の決め手に。ミックスタイプのこしょう (**c**) は、混ぜてひくことで盛りつけに変化をつけるのにも使える。

こしょう

ソースの味つけや薬味になる瓶詰・缶詰は、フランスの家庭で常備しているアイテム。マスタード (**a**) は粒入り (**b**) もあり、肉類に添えてもおいしい。ケイパー (**c**) やコルニション (小型きゅうりのピクルス。**d**) はさっぱりとした酸味で、そのまま料理に添えても。アンチョビ (**e**) はかたくちいわしの塩漬けで、少し加えるだけで味にコクと深みが出る。

味のアクセントになる
瓶詰・缶詰

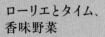

ローリエとタイム、
香味野菜

ローリエ (**a**) とタイム (**b**) は煮込みに加えて、香りよく仕上げるのに使う。タイムは枝ごとや、葉だけをしごいて加えることも。エシャロット (**c**) は甘みが少なく独特な風味で、にんにく (**d**) とともにフランス料理の基本的な香味野菜。これらはフランスの家庭の台所にはいつもあり、キッチンの引き出しに調理道具とともに入っているほど。

ハーブで風味をひき立てるのもフランス料理の特徴のひとつ。乾燥させたタイム、セージ、ローズマリーなどをミックスしたエルブ・ド・プロヴァンス (**a**。「プロヴァンスのハーブ」の意味) がひとつあれば、ほとんどの料理に使えて便利。葉が縮れたパセリ (**b**) とクセがなくさわやかな香りの平らな葉のイタリアンパセリ (**c**) もあらゆる料理に向き、使い勝手がよい。

111

パセリと
エルブ・ド・プロヴァンス

上野万梨子　Mariko UENO

料理研究家。東京生まれ。
フランスに料理留学をしてフランス料理を学ぶ。
帰国後、フランス料理教室を主宰。91年よりパリに移住。
日仏両国で料理の著書を発表し、好評を博す。
2008年秋に、料理・食文化を発信する
ギャラリーを東京にオープン。
さらに新しい料理の世界を広げている。
http://www.uenomariko.com/

レシピ・料理制作・撮影　　上野万梨子
ブックデザイン　　天野美保子
表紙・カバー撮影　　松島 均
ポートレート撮影　　Hiroko MORI
校正　　白土 章（ケイズオフィス）
フランス語校正　　Christine Robein-Sato
編集　　柳澤紀子（NHK出版）
編集協力　　日根野晶子　小林美保子　石出和香子

小さなフランス料理の本

発行日　　2008（平成20）年9月15日　第1刷発行
　　　　　2009（平成21）年7月20日　第2刷発行
著者　　上野万梨子
　　　　©2008　Mariko Ueno
発行者　　遠藤絢一
発行所　　日本放送出版協会（NHK出版）
　　　　　〒150-8081　東京都渋谷区宇田川町41-1
　　　　　電話　03-3780-3311（編集）
　　　　　　　　0570-000-321（販売）
　　　　　ホームページ　　http://www.nhk-book.co.jp
　　　　　携帯電話サイト　http://www.nhk-book-k.jp
　　　　　振替　00110-1-49701
印刷・製本　　共同印刷株式会社

ISBN978-4-14-033258-0　C2077
Printed in Japan